AF321389

DU
PEUPLE TUNISIEN
AU
PEUPLE FRANÇAIS

Note relative à l'Emprunt proposé

Du peuple tunisien au peuple français

~~~~~~~~~~

NOTE RELATIVE A L'EMPRUNT PROPOSÉ

~~~~~~~~~~

Tunis, le 16 avril 1920.

Avant d'examiner la question du futur emprunt, il est bon, il est nécessaire, de jeter un coup d'œil sur le passé et de voir de quelle façon le Gouvernement du Protectorat Français s'est comporté dans les emprunts précédents. La Dette Tunisienne était en 1881 de 142.000.000 fr. 3 50 o/o convertie en 1892 en 3 o/o garantis par le Gouvernement Français.

En 1902 on procéda à un emprunt de 40.000.000 3 o/o (45 millions nominal). Cet emprunt a conduit à des mécomptes graves qui ont abouti à la nécessité d'un nouvel emprunt de liquidation (1907) de 75 millions de francs (92 millions nominal) effectué sous les auspices de M. Pichon. Cet emprunt a servi pour une somme de 56 millions à remédier à une partie des insuffisances relatives aux voies ferrées dotées sur l'emprunt 1902 et pour le reste à engager l'exécution d'un programme de grands travaux. De sorte que les programmes 1902 et 1907 déjà engagés et restés tous deux inachevés n'ont pu être continués que par un troisième emprunt de liquidation (1912) de 90 millions et demi effectué cette fois par les soins de M. Alapetite.

55 millions et demi de cet emprunt devaient servir au règlement des travaux des programmes 1902 et 1907. 35 millions étaient affectés à l'amorce d'un nouveau programme de travaux.

Aujourd'hui le Gouvernement du Protectorat nous déclare qu'il faut un quatrième emprunt de 275 millions pour liquider les emprunts de 1902, 1907 et 1912 et amorcer un nouveau programme de plus large envergure encore que les trois précédents.

Voilà la situation.

L'impression très nette qui se dégage de la lecture des documents officiels relatifs aux dépenses des fonds d'emprunt est que ce malheureux pays va de déconfiture en déconfiture, est en perpétuelle liquidation.

Un échantillon de la façon dont on engage nos finances publiques montrera mieux comment une Administration, souveraine *irresponsable* et *incontrôlée* prépare nos programmes économiques ; comment elle peut *impunément* et comme en se jouant obérer nos Finances, nous entraîner à sa remorque au bord de l'abîme.

L'histoire de l'emprunt de 1907 rapporté à la Conférence Consultative par M. de Fages, ancien directeur des Travaux publics à Tunis lui-même, est typique à cet égard.

La Conférence Consultative avait adopté un programme d'emprunt s'élevant à 37 millions « Au mois de mai 1906, je « proposai, dit M. de Fages, d'accord avec M. le Résident « Général, et j'eus l'honneur de faire adopter par la Confé- « rence un programme de 65 millions.

« Mais ce chiffre fut jugé fort audacieux et le vote de la « Conférence fut sans doute regardé à Paris comme plato- « nique, car rien n'indiquait alors que l'idée d'un emprunt « tunisien eût quelque chance d'aboutir auprès du Parlement « Français. Brusquement, dans le courant de l'été, la situa- « tion politique se modifia et le Résident Général Pichon « (qui allait devenir ministre des Affaires étrangères) voulut « bien m'écrire de Paris, au commencement de septembre, « que je devais aller le rejoindre avec un rapport de pré- « sentation au Parlement de la question de l'emprunt tuni- « sien.

« Je me mis en hâte à l'ouvrage et me trouvais à même de

« lui soumettre, à la date du 1ᵉʳ octobre, un travail complet
« qu'il voulut bien approuver.

« *Il est à remarquer*, en ce qui concerne les chemins de
« fer qu'en l'absence de toute détermination de l'époque pro-
« bable de la réalisation des moyens financiers, aucune étude
« n'avait jamais été prescrite pour aucune des nouvelles
« lignes demandées ».

« *Bien plus l'énumération complète de ces lignes n'avait
même jamais été faite, et je dus la dresser en consultant la
collection des procès-verbaux de la Conférence depuis
l'origine.*

« *Quant à l'évaluation des dépenses, la seule méthode
qu'il me fut possible d'appliquer fut de mesurer sur la carte
la longueur approximative des lignes et d'appliquer à ces
longueurs des prix kilométriques déduits des prix de
revient des lignes ferrées récemment construites les plus
analogues.*

« *Une nécessité impérieuse dominait d'ailleurs la situation, c'était de n'arriver, par le total de l'emprunt, qu'à un
chiffre susceptible d'obtenir l'agrément du ministre des
Finances et d'être voté sans débat par le Parlement.*

« Cette situation fut longuement débattue et discutée à
Paris par M. Pichon en présence de M. Dubourdieu, directeur
des Finances, et des autres chefs de service présents à Paris.

« Le chiffre maximum qu'il ne fallait pas dépasser fut enfin
fixé d'un commun accord, 75 millions, dont 58 pour les
chemins de fer, 15 pour les routes et 5 pour la colonisation.

« Le 20 novembre, M. Pichon, devenu ministre des
Affaires étrangères, déposait le projet de loi autorisant
l'emprunt tunisien de 75 millions. *Enfin, le 30 décembre,
après de multiples et pressantes démarches, grâce à l'éner-
gique appui du ministre, la loi, avec une rapidité à peu
près sans précédent, se trouvait votée par la Chambre et le
Sénat.*

« *Il était temps, car la session parlementaire était close
immédiatement après ce vote, que le budget de 1907 avait
escompté comme favorable* ».

L'anse du panier dansa si fort, dit-on, que des dossiers
justificatifs de dépenses de plusieurs millions furent perdus
et ne purent jamais être retrouvés.

Une pareille conduite de nos Administrateurs ne tarda pas
à avoir ses conséquences logiques : Nous eûmes à subir
l'emprunt de liquidation de 1912.

Le Parlement français, *ému de la scandaleuse gestion de*

l'Administration du Protectorat, faillit refuser son autorisation. Il a fallu user de ruse pour arracher au Parlement attendri cette autorisation. Il ne la donna pas sans prendre des mesures contre le retour de pareils méfaits. La loi de 1912 introduisit pour protéger nos Finances contre notre Administration la règle de l'affectation spéciale des fonds de l'emprunt.

Déjà il avait marqué *sa méfiance* à l'égard de cette Administration *en se refusant à garantir* les emprunts du Protectorat de 1902 et 1907. Il devait encore moins garantir celui de 1912.

Cette méthode du Parlement a-t-elle été efficace, utile pour nos Finances ? Monsieur le Résident Général va nous le dire : «...Nous nous trouvons, Messieurs, dit-il à la Conférence Consultative, dans cette situation étrange que, *disposant encore sur les fonds de l'emprunt de 1912 d'un reliquat de 54 millions et demi dont nous payons pour une partie considérable l'intérêt et l'amortissement*, nous nous voyons dans l'impossibilité de l'employer parce qu'il ne doit servir qu'à des affectations limitativement déterminées par la loi du 28 mars 1912 et que ces affectations ne peuvent être remplies, les fonds devant y être appliqués étant devenus absolument insuffisants... »

Ainsi, la mesure de protection prise par le Parlement s'est encore retournée contre nous avec des conséquences plus désastreuses. Il est vrai que M. Flandin nous déclare que les insuffisances sont le fait de la guerre. C'est possible ; *malheureusement nous ne relevons pas cette constatation des mécomptes seulement dans l'emprunt 1912, mais aussi dans ceux de 1902 et 1907, époques où le facteur guerre n'existait pas.*

Au surplus, l'*indifférence* avec laquelle Monsieur le Résident Général nous annonce la façon « *étrange* » *dont nos Finances sont gérées* est déconcertante. Il ne nous dit pas si la situation « *étrange* » dans laquelle nous sommes encore devait nécessairement se créer et si, une action du Résident Général auprès du Gouvernement français et du Parlement ne nous aurait pas épargné cette situation sans précédent dans les Annales des Finances publiques. Sans doute le fromage était trop gras.

Les mesures prises par le Parlement ont été inefficaces pour nous protéger, les hommes du Protectorat ayant trouvé le moyen d'en tirer profit.

A la veille de la nouvelle liquidation — nous liquidons,

nous liquidons toujours ! — à la veille de ce nouvel enlisement de nos Finances, nous avons l'impérieux devoir de faire un retour sur les pratiques passées qui sont un avertissement pour l'avenir et de crier au danger.

Nous constatons d'une part une méfiance caractérisée du Parlement à l'égard de l'Administration du Protectorat, d'autre part l'incurie cynique de cette Administration résultant de l'absence de responsabilité, de contrôle efficace des contribuables ; de même, nous constatons que *le Résident Général qui élabore les programmes des travaux, fixe et réalise l'emprunt et qui devrait avoir par conséquent la responsabilité au moins morale de ces opérations, disparaît aussitôt l'emprunt réalisé et laisse le soin de l'exécution des travaux à son successeur qui, en face des fautes commises et des insuffisances constatées, ne songe à son tour qu'à liquider la succession par un nouvel emprunt plus important, à amorcer un autre programme de grands travaux et à disparaître.....*

Nous seuls, restons. Eh bien ! c'est à nous, contribuables tunisiens, sur qui retombe tout le fardeau de cette politique financière pour le moins *désastreuse,* que doit revenir le *Droit incontestable de décider de l'opportunité des emprunts, de leur affectation et d'en contrôler l'emploi.*

Le budget de 1920 est de 148.000.000 de francs en augmentation de 38.000.000 et demi sur celui de 1919. Demain il nous faudra payer encore 10.000.000 de francs d'impôts nouveaux pour le solde de l'emprunt projeté. Et, s'il ressemble à ses jeunes frères — nous n'avons aucune raison de croire qu'il ne leur ressemblera pas, puisque rien n'est encore changé sous le ciel politique tunisien — ce sera l'inévitable liquidation sous les auspices d'un autre Résident Général et par conséquent, un nouvel emprunt et de nouveaux impôts...

Nos finances sont à la veille d'être engagées dans une voie pleine d'embûches et de dangereuses incertitudes. Le budget est établi sur cette impression que le pays est entré dans une ère de prospérité définitive. Or, c'est là une impression absolument fausse.

Cet optimisme, que nous estimons de mauvais aloi, repose sur une inflation fiduciaire exagérée, sur une série d'années exceptionnelles et sur l'espoir que les Capitaux français vont, sous la baguette magique de l'enchanteur, affluer vers la Tunisie.

Que demain la circulation fiduciaire redevienne normale,

que survienne une série d'années de sécheresse dont la Tunisie est coutumière, que la spéculation effrénée qui sévit en ce moment s'apaise et que l'apport escompté des capitaux français fasse défaut et ce sera la faillite...

On ne manquera pas de nous taxer d'exagération et de pessimisme. Malheureusement les chiffres et les faits sont là ; ils parlent d'eux-mêmes.

La dette publique est, à l'heure actuelle, de 440 millions de francs environ, toute en amortissable, avec une charge totale inscrite au budget de plus de 19 millions de francs. Avec la réalisation du futur emprunt, la dette va être portée à plus de 700 millions de francs environ, avec une charge minima de Trente-six millions (36.000.000 de francs) intérêts et amortissement, charge qui augmentera rapidement pour atteindre des proportions désastreuses à mesure que nous approcherons de la date fatale du remboursement intégral.

Pour faire face à cet avenir que l'on veut nous créer, nous trouverons-nous au moins devant un budget honnête et solidement établi ?

Nous trouverons-nous au moins devant des certitudes de prospérité économique qui devra correspondre à l'augmentation des charges qui vont peser sur le pays?

A-t-on préparé les éléments de cette prospérité?

Nous répondons : Non!

Nous avons des raisons sérieuses de nous méfier de la stabilité de l'équilibre d'un budget (sur ressources ordinaires) qui, de 1913 à 1920, passe de 57 millions de francs à 148 millions de francs.

Cette enflure du budget provient des phénomènes précités, phénomènes anormaux. Car, si l'on examine les richesses principales qui alimentent le budget, en nous en rapportant à la statistique générale de la Direction de l'Agriculture, nous constatons que les deux principales richesses du pays, le blé (en superficie ensemencée) et l'olivier, n'ont pas sensiblement augmenté, puisqu'en 1913-1914, la superficie ensemencée en blé était de 585 mille hectares, tandis qu'en 1917 elle n'est que de 406 mille hectares, en diminution sur 1916, et que le nombre des oliviers productifs (imposables) qui, en 1914, était de 7 millions 650 mille, a diminué en 1917 (il n'est plus que de 7 millions 624 mille pieds seulement). Mieux, le chiffre global des oliviers imposables et non imposables a diminué, depuis 1914, de 25 mille unités.

L'élevage, qui devrait être une troisième richesse du pays, est, par le parti pris de l'Administration d'ignorer la situation désastreuse qui lui est faite par le manque d'abri et la mortalité excessive dans les années de sécheresse, au point de vue budgétaire, la source la plus aléatoire.

Il nous reste évidemment l'industrie minière et phosphatière. Mais nous savons tous aujourd'hui que non seulement cette industrie ne rapporte absolument rien au pays, puisque les actionnaires des compagnies d'exploitation sont hors de Tunisie, que les bénéfices réalisés sont utilisés hors de Tunisie, que le minerai est traité hors de Tunisie, que les matériaux sont achetés hors de Tunisie, que le Trésor tunisien ne profite de ces exploitations que dans une proportion infime (à peine 3 millions), mais encore la population ouvrière tunisienne — infime partie de la main-d'œuvre minière, — toute étrangère, — est l'objet de la part de ces compagnies d'une exploitation barbare au triple point de vue du salaire, de l'hygiène et de la sécurité, qui mine la santé publique et est une honte pour ces capitalistes. Le Trésor tunisien ne pourra jamais tirer le moindre revenu appréciable de l'industrie minière tant que ce seront ces Messieurs du Quai d'Orsay et de l'Administration irresponsable du Protectorat qui présideront nos destinées économiques. Les requins de la mine et de la carrière sont trop puissants à Paris !

En face de cette situation, nous pouvons percevoir le danger de cet équilibre du budget actuel, car, en cas de fléchissement des recettes par disparition des causes anormales issues de la guerre, les dépenses demeureront. Bien plus, elles sont appelées à augmenter encore davantage pas suite des futurs grands travaux qui ne rapporteront pas un denier de plus au Trésor, les fonds de l'Emprunt devant être affectés en grande partie aux chemins de fer d'intérêt minier.

Et les facultés des contribuables sont à leurs extrêmes limites. Pour obtenir les 35 millions des fonctionnaires français (augmentation de leurs traitements), « il a fallu tendre parfois jusqu'à l'excès certains ressorts de la machine budgétaire », nous déclare le rapporteur général du budget tunisien à la section française de la Conférence Consultative. Devant les impossibilités financières l'administration qui veut à tout prix pour cette année, leur donner satisfaction générale (dans quel but ?) a recours aux expédients. On viole la règle de l'évaluation des prévisions budgétaires des recettes par un coup de pouce de 10 millions (10.000.000 de francs) devant provenir de la « reprise des affaires ». Quant au reste, voici de quelle façon mystérieuse le même rapporteur général s'exprime :

« Devant un chiffre aussi élevé (38 millions et demi) on se demande comment la Tunisie pourra y faire face même au prix de charges extrêmement lourdes. Et cependant le Gouvernement a déployé une si active ingéniosité (le mot y est) pour restreindre le plus possible ses demandes (auxquelles il faudra bien satisfaire demain ! ») qu'il a pu couvrir près d'un quart de la somme nécessaire au moyen de ressources tirées de son budget et que les ressources nouvelles qu'il nous demande ne représentent que 23 millions de francs ; et quand j'aurai précisé que sur 23 millions, le relèvement du prix des Monopoles des tabacs, des poudres à feu, du sel et des cartes à jouer fournit déjà plus de 13 millions (quelques pages plus loin, dans son rapport, il les évalue à 12 millions 125 mille francs) vous éprouverez certainement le même soulagement que votre commission des Finances en songeant que le problème considérable qui s'offrait à nous a pu être résolu par le Gouvernement avec seulement 10 millions de taxes proprement dites (quelques pages plus loin il donne le chiffre de 10 millions 830 mille). »

Et voilà. C'est simple et ingénieux : Une dizaine de millions en l'honneur de la reprise des affaires, une dizaine de millions « tirés du budget », treize des Monopoles. Il ne reste plus qu'une pécadille de 10 millions alors que la commission des Finances croyait que jamais la Tunisie ne pourrait faire face au formidable budget qui lui était présenté « même au prix de charges extrêmement lourdes. »

Ainsi nous voilà à un tournant de notre politique financière.

Adieu les excédents disponibles qui faisaient la sécurité de notre budget. Adieu les évaluations de prévision des recettes dont la faiblesse est voulue et dont aujourd'hui il a fallu tendre jusqu'à l'excès certains ressorts. Nous entrons désormais dans la voie des bilans fictifs ! quitte à user des moyens de trésorerie si commodes pour cacher les fissures, puis finir par tout consolider par un emprunt.

Le rapporteur général précité, désirant répondre à l'avance aux critiques qui ne devaient pas manquer de se faire jour, a pris soin de nous assurer que nous n'avions plus rien à craindre, puisque le budget de 1920 « aura cet avantage d'être stable ; j'entends, dit-il, par là qu'il clora pour de longues années la période des impôts et des charges nouvelles ».

La plaisanterie serait bonne si elle n'était de mauvais goût. Heureusement que nous trouvons dans des bouches plus candides l'aveu contraire. Le rapporteur du budget à la section tunisienne (1) dit en effet textuellement : « Il sera nécessaire de trouver dans les budgets futurs le complément du gage prévu pour la totalité de l'emprunt de 275 millions, soit 9 millions. »

Nous pouvons ajouter, sans crainte de nous tromper : en attendant que réapparaisse l'impérieuse nécessité de pourvoir aux demandes que, provisoirement, le gouvernement a restreintes et qui se montent, nous laisse entendre le rapporteur général de la section française, à une dizaine de millions.

Ainsi notre budget repose en grande partie sur des contingences essentiellement variables. De plus l'imposition des facultés contribuables a atteint son extrême limite, à la différence des prévisions des dépenses qui ne pourront que s'enfler. Et nous pouvons dire que le budget de 1920 n'est pas honnête, parce qu'il est obtenu au moyen d'un équilibre fictif, manifestement instable.

M. le Résident général a-t-il au moins préparé les éléments d'une prospérité agricole et industrielle certaine et normale? Il est permis d'en douter. M. le Résident général, « troublé » par l'augmentation anormale du budget tunisien, nous prodigue ce conseil : « Il faut produire, il faut produire « mieux, il faut produire partout. Il faut qu'à des procédés « rudimentaires d'exploitation succèdent des moyens nou- « veaux inspirés de tous les perfectionnements de la science. »

Pour cela, que faut-il? Un emprunt, nous dit-il, pour liquider la situation de 1902-1907-1912 et pour construire de nouveaux chemins de fer.

Sur la première tranche de 100 millions, 50 millions sont affectés aux chemins de fer, 6 à la pose d'un deuxième câble télégraphique Tunis-Marseille, 7 à la colonisation française, 4 à l'alimentation de Tunis en eau potable, un million cinquante mille francs à la construction du service topographique, 11 aux routes (Kef-Kairouan, Sfax, Sbaïtla, Pont-du-Fhas-Maktar, etc., et à la liquidation des travaux antérieurs, soit un total de 87 millions de francs.

M. Flandin oublie sans doute que, s'il y a un peu plus d'un millier de colons français dans ce pays, près d'un million de Tunisiens vivent presque exclusivement de l'agriculture. — Qu'on le veuille ou non, ces Tunisiens sont les

---

(1) Il est à remarquer que les membres de la Conférence consultative de la section tunisienne sont nommés (seize membres) par l'Administration, alors que les membres français de la dite Conférence, soit 36, sont élus par leurs compatriotes.

principaux agents de la production dans ce pays, puisqu'ils sont la main-d'œuvre créatrice, occupent la presque totalité des terres à fertiliser et sont les principaux pourvoyeurs du budget. Un autre facteur non moins essentiel de la production est l'arrosage.

De ces deux éléments nécessaires à la prospérité du pays, Monsieur Flandin s'est-il inquiété dans son programme?

Evidemment oui, répond l'administration, puisqu'il promet de réserver aux Tunisiens, sur la première tranche de 100 millions, *200.000* francs pour l'enseignement professionnel indigène. *1 million* pour « amorcer » les travaux d'un vaste plan d'hydraulique agricole et l'expédition au Maroc et ailleurs d'un contingent de 7.000 Tunisiens — les forces vives du pays — pour remédier sans doute à la crise de la main-d'œuvre et reconstituer les forces productives du pays saigné à blanc par cinq années de guerre!

Eh bien! nous estimons que c'est là une sinistre plaisanterie, que nous n'ecceptons pas et que la France n'acceptera pas plus que nous.

Il est pour le moins déloyal d'obérer nos Finances, d'hypothéquer lourdement l'avenir de ce pays sur la foi de simples espérances, de fallacieux discours.

Avant d'espérer que les appels de Monsieur Flandin seront entendus, avant d'exiger des Tunisiens l'emploi des moyens de production nouveaux « inspirés de tous les perfectionnements de la Science », il faut commencer par leur apprendre cette science et ses perfectionnements par un enseignement professionnel et intellectuel largement dispensé ; il faut ensuite leur assurer la sécurité de la propriété par la restitution et le respect de la propriété indigène et leur donner les moyens de se procurer du crédit pour la mise en valeur des terres à féconder par la création d'une large organisation du crédit populaire.

Il faut enfin, dans les régions sèches, altérées d'eau, procéder résolument et *loyalement* à de sérieux travaux d'arrosage. C'est le seul programme rationnel et logique qui permettra d'avoir foi en l'avenir parce qu'il prépare sérieusement les éléments essentiels de la prospérité escomptée et *parce que l'emploi des fonds d'emprunt sera d'un* rendement immédiat ce qui est à considérer par ces temps de crise économique.

Assez de chemins de fer, et pensons à l'irrigation des campagnes et à l'éducation de la masse des agriculteurs.

Les agents de la production sont, nous le répétons, l'habitant du pays qui fournit l'effort créateur et l'eau nécessaire à nos terres altérées.

Cette tendance suspecte des gouvernants du protectorat à construire indéfiniment des chemins de fer (sans doute parce que c'est la seule matière qui permette à l'Administration de manipuler de grosses sommes) a amené le quai d'Orsay à intervenir et à faire remarquer qu'à l'heure actuelle la construction des quatre lignes : Bizerte-Nefza, Zaghouan-Bou-Ficha, ligne de Kélibia et Sfax-Bou-Thadi, soit une dépense de 40 millions, était parfaitement inopportune. Il faut dire que le Quai d'Orsay n'a pas entendu nous en faire l'économie : Ces Messieurs des Mines et des Carrières sont là, qui veillent, le Quai d'Orsay leur en a donc fait cadeau : Avec l'affectation de douze autres millions ils devront servir à « assurer le doublement des transports des phosphates » provenant : 1° de Redeyef et Aïn Moularès à Sousse ; 2° de Kalaa-Djerda à Tunis et la Goulette.

Nous ne faisons ici que poser le grand problème de la sincérité de l'équilibre du budget, et de l'opportunité actuelle du futur emprunt et les objections très graves que soulève le programme dressé par M. Flandin de concert avec des Commissions qui ne peuvent rien représenter aujourd'hui. Ces objections sont multiples et ce pays a le droit, avant de s'engager dans l'aventure, de discuter sérieusement son budget, l'utilité, l'importance et l'emploi de son emprunt.

Non. Le futur emprunt ne doit pas être décidé par un Résident Général de passage et une Conférence Consultative qui ne représente d'ailleurs qu'une infime minorité de la population et qui est deux fois et demi périmée, lorsque les élections de la section française doivent avoir lieu quelques semaines après. Cette précipitation est troublante.

Qui veut-on donc surprendre ? La Tunisie ou le Parlement ?

Ah ! Assez du coup de 1907 ! Nous tenons à déclarer qu'il faut que le peuple tunisien dise son mot puisqu'il s'agit de ses propres intérêts, et il ne peut évidemment le dire par l'organe de quelques Béni Oui-Oui dont la fonction de « délégué » est devenue un véritable habous à leur profit.

Il faut que les Tunisiens qui vont supporter tout le poids du renouvellement de cette politique de ruine financière pour les uns et de douces perspectives pour les autres, aient des représentants élus pour connaître et discuter du programme de travaux d'intérêt général et de la lourde hypothèque qui va s'appesantir sur eux et qu'on ne manquera pas de leur laisser pour compte un jour prochain.

Une profonde inquiétude sur l'avenir qui leur est réservé règne sur les milieux tunisiens. Un Béni Oui-Oui, parlant au nom de tous ses collègues, le sentait si bien qu'il ne put cacher plus longtemps ses appréhensions et ses angoisses; ne disait-il pas à notre Résident Général : « Notre premier « devoir sera d'expliquer à nos compatriotes les raisons qui « nous ont déterminés à voter par exemple telle ou telle taxe « qu'ils estimeront très lourde pour ne pas dire absolument « vexatoire et peut-être aurons-nous quelque peine à les con- « vaincre en raison même du caractère anormal du mandat « que nous exerçons.

« On nous a souvent reproché, non sans apparence de « raison, d'être les mandataires du pouvoir plutôt que des « populations intéressées. De là, pour nous, une situation « des plus pénibles et à laquelle dans l'intérêt de tous, plus « que jamais, il est urgent de remédier. »

Il n'y a qu'un seul remède *à cette situation pénible et angoissante*, ajouterons-nous, c'est l'octroi au *Peuple Tunisien*, d'une *Charte Constitutionnelle* déterminant, en même temps que ses devoirs, les droits dont il ne saurait être plus longtemps privé.

Le Peuple Tunisien.

Imp. I. Lévy et Fils, 15-17, rue des Martyrs, Paris.

www.ingramcontent.com/pod-product-compliance
Lightning Source LLC
LaVergne TN
LVHW021105050726
842519LV00005B/1822